# CARGADO DE MÍ

*Ignacio Arellano*

# CARGADO DE MÍ

RENACIMIENTO

© Ignacio Arellano
© 2026. Editorial Renacimiento

www.editorialrenacimiento.com
BUGANVILLA, I • 41907 VALENCINA DE LA CONCEPCIÓN (SEVILLA)
tel.: (+34) 955998232 • editorial@editorialrenacimiento.com

Diseño de cubierta: Marie-Christine del Castillo

DEPÓSITO LEGAL: SE 1759-2026 • ISBN: 979-13-87939-88-5
Impreso en España • Printed in Spain

*para G. T. O.*

## TEMPUS FUGIT

DEJO pasar los días y los años
como si me quedaran incontables,
observo indiferente las abejas
en la madreselva del jardín,
demoro el viaje al sur
muy ocupado en papeleos,
informes, compromisos,
perdidos los arcángeles,
los versos, los frutales, y tu canto.
Todo eso sin embargo da lo mismo:
el tiempo habrá de iluminarlo todo
con su dulce y atroz melancolía.

## ACCIÓN Y CONTEMPLACIÓN

Airosa caminabas
hollándome el pasado y el futuro;
cada vez que te veo por la calle
me dan ganas de tirarme por la ventana.
Pero me quedo
sesudamente meditando
en lo del *tempus fugit*
que todo lo lleva, menos el amor,
o eso creo.

# TU NOMBRE

Tu nombre
en los fondos del mar,
en las alas del viento,
en las bandadas
que van buscando el sur,
en las arritmias de mi corazón,
tu nombre, faro en la tormenta.

## LA NEGRA NOCHE

La negra noche tendió su manto
en esa hora de la espera inquieta
sin advertir tu perfume de madreselvas en flor
quién sabe si vendrás o andas por ahí
distraída en ignorados territorios...
no sé si irme a la cama
o ponerme a leer los versos más tristes
pero tendría que encender la luz
y sería aún peor.

## CÓMO SE LLAMAN

Yo no sé cómo se llaman las cosas,
no sé cómo se llama nada,
solamente sé
que tú te llamas
ontina silvestre,
gaviota blanca.

# ÉCHAME LA CULPA

Échame a mí la culpa de lo que pasa
te dije una noche de plenilunio
llena del aroma de las lilas y de rumores de alas,
de zafiro y de organdí, y todo aquello...

Claro, –dijiste–, porque la tienes
y no necesito tu dolor para cubrirme las espaldas.

Ahora procuro sin éxito comportarme.
Pero el corazón es un loco peligroso,
un escorpión traicionero y fibrilante.

# PESADILLA

HE soñado que te ibas de nuestra casa
durante meses nadie pasaba por la calle
el vacío quemaba los jardines
cruzaban las aceras sombras
vagarosamente inciertas, y yo
no podía despertarme
esperando el golpe de la puerta
la consagración de la primavera
pero no llegaba el amanecer
la almendra del sueño ignoraba lo verde
como si el miedo hubiera venido para quedarse
para ocupar tu sonrisa ausente.

# INTERMINABLE

Esta interminable noche
es demasiado breve
para contener
la vana lástima.
No me es posible dominar mi vida
ni dar a la tuya una casa segura,
una felicidad clara,
la pompa y alegría,
todo eso que para ti quisiera.

# A TRAICIÓN

Te di un destino que no querías.
La culpa no fue mía,
apareciste
en la bruma naranja de las farolas
como un disparo por la espalda.
Atente ahora a las consecuencias.

# COSAS QUE NO SÉ

Que no sé poner el lavaplatos
llevas años quejándote y no aprendo;
y así con tantas cosas, es inútil;
no he aprendido a quererte con sosiego
ni a bailar ni a decir lo siento.
No es nada fácil...
tu hermosura me intimida:
yo soy un funcionario en excedencia
¿quién me mandó meterme en este enredo?

# EL MURO

En un pueblo provinciano
que ya no sabría encontrar
había un muro de piedra
que transité en mis guerras escolares;
de piedra era, en el barrio viejo,
alto y denso, tan fugitivo
como la sombra
de una leve humareda.

## UNA NOCHE DE DICIEMBRE

RECUERDO entre aquellos alborotos
el redoblar de la taquicardia,
el rumor de la lluvia y las luces naranjas,
la noche de diciembre que se hacía cálida
como pradera de amapolas encendidas
y era tu paso en las calles mojadas.
Caminaba a tu lado ya gravemente enfermo
y soñaba que íbamos cogidos de la mano.
Me preguntaste entonces que si tenía novia
con una crueldad innecesaria.
Mi corazón se habitó de oropéndolas
entre bares nocturnos y zapaterías
y hasta aquí hemos llegado. A ver si ahora es cierto
que toda la vida es sueño...

# LLAMAN

El timbre ha sonado a las cinco de la mañana.
He abierto la puerta con espanto.
Preguntaban por ti. No he conocido
a ese galán de rizados cabellos.
Le he visto abrazarte en nuestra casa
al pie de la escalera y en tu cara
una felicidad ignota
con evidentes intimidades...
Espectáculo atroz: he adivinado
que era imposible
en cualquier universo de este mundo
una catástrofe semejante,
y he despertado al momento
de esa pesadilla insoportable
para ver tu silueta en la penumbra
con pasajero alivio, antes de pensar
que toda la vida es sueño

y quizá no había despertado todavía,
que entonces hallaría, quizá, en mis manos
un puñado
de humo, polvo, tierra, sombra y nada.

## LAS CARTAS QUE TE ESCRIBÍ

Un viento insólito
abre los cajones, todas
las cartas que te escribí
vuelan en lontananza.
No sé si es un tornado
o ese tiempo fugitivo
que va a dar en la mar.

# NEBULOSA

Busco la vigilia
de tus brazos,
la distante memoria
de tu boca,
escualo funeral a la deriva
en el cimerio mar de los olvidos.

## DEBES ELEGIR

Durante mucho tiempo
te he ofendido gravemente,
durante mucho tiempo
te he amado hasta
la extenuación.
Ahora debes decidir
qué entregarás al olvido.

## LA ESPERA

Las nueve; salgo al balcón.
Las nueve y diez; me asomo al porche.
Las nueve y cuarto; abro la ventana.
Es aún pronto. No llega el autobús.
Ya sé que no conduces.
Las nueve y media; ningún taxi en lontananza.
…
Las doce; el día se acabó.
No has venido
ni en taxi
ni autobús,
ni en bicicleta.
Pongo en hora el reloj.
No era necesario.
Por si acaso un error.
O una falsificación de la esperanza.
Mi teléfono sigue mudo.

El tuyo no tiene cobertura
o está desconectado.
No sé qué pensar
o quizá sí, qué desdicha.
…
Las cuatro de la madrugada.
Me pongo a comer el asado frío.
Tiro el champán a la basura.
Odio las ostras.
Me hago un corte en la mano.
Me mareo.
Me sirvo un vino
amargo como la mirra.
Ceno a la sombra de una farola mustia.
El último autobús ya ha pasado.
Ningún taxi en lontananza.
Voy a hacer un café
y a morirme, como si nada.

# LA ESPERA. VARIACIÓN

Reviso el buzón de correo (electrónico)
que no conecta, el hijo de la grandísima,
no me atrevo al teléfono
–total, no me lo coges–,
el guasap tampoco me funciona,
no sé si los ajustes, los datos móviles
o este desorden general del universo;
miro por la ventana, salgo al porche,
me asomo por las calles, merodeo,
pongo en el aparato *ne me quitte pas*,
la noche de mi mal
y esas viciosas melancolías,
no vienes, no llamas a mi puerta,
tiro a la basura –repugnante– el caviar,
el champán, las hediondas
velas de colores, y me arrastro a la cama
como aquel lirio cortado.

## LA ESPERA. VARIACIÓN SEGUNDA

TODO preparado
mantel impoluto cubiertos de plata

al rumor de los motores
enciendo las velas
las rosas de la mesa
ajustado el volumen de la música…

la luz de los faros resbala en las ventanas

nadie llama a la puerta
pasan las horas
el reloj parado del comedor
las velas se extinguen
se marchitan las rosas
silencio en la noche
ya todo está en calma
qué vida tan jodida.

## DÓNDE HABRÉ PUESTO MI HERIDA

Al lado de la cama, en el camino del huerto,
en mi cartera, debajo del asiento,
doblada en el cajón de las corbatas.
No tiene forma, no límites.
Agudamente me ensombrece
sin recato ni piedad,
antigua, como en desgana propagándose,
amarga como las bayas del laurel,
espiral de sueño
fantasma de ceniza
antílope infeliz
que teme no encontrarte,
perderse para siempre en un terreno baldío.

# EL DÍA SE VA

EL día se va,
raudo pájaro herido
entre noticias lóbregas
y crueldades múltiples,
fugitivo y voraz.
En el denso carmesí del crepúsculo
—rayo de luz— una gaviota blanca.

## SOMBRAS NADA MÁS

Las ramas de los sauces
te sombrean la cara
que he amado antes de nacer.
Miramos el río,
huella que se disuelve en la esperanza.
Llevas en las manos
un ramo de flores que ignoran la noche.

# ALONDRA DEL AMANECER

Finjó dormir
para ver tus manos que imparten la gracia
y dejar a mis ojos volver a la vida.
De nuevo te mueves por la casa
como una marea
de luz y de sosiego
antídoto cordial de la melancolía
—abrojo agarrado al vellón del tiempo—
en eso que, me parece, es el amor.
Podría, por mi parte,
fingir sumarias perfecciones.
Sin embargo repugno las espumas
y la algarabía de clarines
porque conozco la ira y la soberbia.
He vivido muchas veces con cobardía
al borde de volcanes florecidos
y presumo que pronto será tarde

para el arrepentimiento.
Debería por tanto confesar mis pecados,
reconocer por fin tu soberanía
y clavar en tu puerta mi corazón.

## DOBLABAS LA ESQUINA

DOBLABAS la esquina.
Lo último que vi fueron tus alas
y en la perdición de aquel
veneno tirio de tus labios
que ni hallaba en el sueño, lejano,
supe que aquel instante podía detenerse;
presentes sucesiones de difunto, sí,
y no podría ya alcanzarte nunca y para siempre.

# LO NUESTRO NO FUNCIONA

Lo nuestro no funciona, muy solemne te dije.
De acuerdo, respondiste. Te fuiste a la piscina.
Mortalmente aterido te preparé la mesa.
Los cubiertos de plata, los vinos de crianza,
me esforcé en el guisado, en el ramo de flores…
Esperando tu vuelta con sonrisa de idiota…

# CADA MOMENTO TIENE SU AFÁN

Hay días en que quisiera
haberte sido infiel
para poder expiar mi traición
con un atroz arrepentimiento
sufriendo como un perro sin pan y sin amo.
Presa de una pena devoradora
con la cara de mártir lloraría a gusto
la feliz desesperación del culpable.

## SUELO, CIELO

Por un salitral
negro
me voy quemando
constelación gaviota
blanca
en el cielo alto.

## UNA MALA NOTICIA

Nos sentamos en la tarde;
habíamos recibido una mala noticia;
yo no sabía qué decir,
no podía mirarte, ni respiraba, creo,
y oía como un zumbido de las grietas del mundo
todo tremendamente incomprensible,
esa traición agazapada

me dijiste no es tiempo de dar las gracias
ni de pedir perdón
ya todo lo sabemos
ya no hace falta que nos digamos nada
y nada te digo

no quedará huella de nosotros
pero aún estamos aquí

nada te diré
pero
no me dejarás solo
jamás.

# DESPUÉS DE LA TORMENTA

Bajo la higuera del jardín
te miro sin decir palabra.
No hace falta. Tu luz
se sobrepone a la sombra. Atardece.
De la mala noticia
hemos de levantarnos
como esa mata de milflores
después de la tormenta.

# TIEMPO PERDIDO

Largo tiempo me dediqué a los estemas,
a minuciosos problemas de puntuación,
sinalefas y diéresis, lagunas
en viejos manuscritos enfrascado
y ahora que te miro, después de tantos años
que acecho deslumbrado tu claridad
me pregunto si no olvidé las sendas de la aventura,
si no habré robado los días del amor
por este tan menguado conocimiento
que –sospecho– no me salvará del polvo.

## LOS MIRLOS

Hay un olivo cerca de casa;
teorías de mirlos lo transitan
cada año
los pájaros regresan
parecen los mismos
sin sentir el tiempo
un mismo otoño unos mismos pájaros
una misma luz en las hojas azules
y las mismas geometrías
fractales misteriosas
en las nubes violetas en los ramajes
como un reflejo
de fingida eternidad
para el ingenuo observador
de las nubes, de los pájaros,
de la bruma quizá piadosa de los otoños.

# GOLONDRINAS

Golondrinas de Ragusa,
Mansilla de las Mulas, Capistrano,
de las plazas del sur, los aleros del norte,
mensajes incógnitos
en el papel diáfano del cielo
o quizá no: sin historia
en la eternidad de los veranos
eterno es su retorno,
no como nosotros
de tasado tiempo,
sabedores insomnes del invierno.

# JARDÍN

Es un jardín
pequeño en una vecindad tranquila

bajo la higuera tomas tu café
y lees biografías de pintores
o la historia, otra vez, de don Quijote
o riegas las matas de escabiosas

es un jardín pequeño
donde plantas tus flores
y Miguel pelea con Bruno
por las pócimas secretas
mientras Gala arranca los limones
duerme Santiago y
los mirlos devoran las olivas

desde la hamaca de San Jacinto observo
ese pequeño jardín

se llama Edén y no estoy seguro
de si es un sueño.

## IGNORAN LA MEMORIA

Ignoran la memoria,
inmunes a la esperanza
caminan los búfalos
las sendas de Gujarat
emanación terrestre
de latir poderoso
como rocas vivientes
de mansedumbre atónita.
Veo su sombra,
escucho su rumor
mientras espero el improbable
milagro de la perduración
que gozan en su eterno presente
librados de la costumbre humana
del sueño y del olvido.

Hoy he tenido un sueño
asaz desapacible. Yo era un sobrio,
un probo funcionario
algo cabizbajo y fielmente atenido
a las instrucciones superiores
esperando la pensión reglamentaria
antes de palmarla según los estatutos.
Sin hacer grandes males
(como dijo alguien
me faltaban las fuerzas
aunque no los deseos)
perpetraba con mis lentes grises
informes enemigos de las oropéndolas.
Nunca viajé a Pietrasanta
ni a Varanasi la resplandeciente
ni bajé en balsa de callapos por el Madidi.
No me perturbó la soledad sonora

de los tambores adivasis del Gujarat
empujando los misterios de los búfalos.
No tenía mujer que me arrojara a traición
las tazas de porcelana y los cuchillos rusientes,
no engendré hijos, no planté árboles
ni escribí un libro, aunque sí dictámenes
y a veces hablaba de poesía con mi dentista.
Y así, sin darme cuenta de nada
un día como todos pasé a la otra vida
o sea, que me quedé bien muerto
integérrimo, eso sí,
sin corona de flores ni firmas digitales.
Y ahí me despertaste de un codazo,
guardiana de mis sueños,
como un amanecer irrevocable.

# POLVAREDA DE LUZ

Mɪ estatuto no se corresponde
con las cóncavas naves que arrasaron Ilión
ni los muchos peligros del regresar a Ítaca.
Otro es el designio de mis insomnios:
la calandria en la ventana de mi tío José
y las tareas domésticas del esparto,
el repicar de cascos del Gallito
cuando mi padre volvía de Fuentecordera,
los cerezos florecidos de Araciel
y las calaveras de calabaza en la calle San Francisco
las noches de verano relumbrando en las aceras,
y pasados los años, con mis hijos en Apolobamba
tomando un pisco sour camino del Madidi,
las preguntas de Miguel aprendiendo a leer
los cuentos de Juan Soldado a sus hermanos,
dónde pongo la coma en un verso de Quevedo,
la proporción áurea de las manzanas

y ese café que te cuelo en las mañanas,
la caricia de tu mano, el vuelo,
en fin, de aquel vestido blanco
como si nunca hubiera conocido las lágrimas.

# DESPERTAR

Un día me desperté qué sé yo a qué hora
—para mirar el reloj estaba—,
y no era, no, un escarabajo,
no era un melocotón verde, ni maduro,
ni una orquídea salvaje, ni un almendro florecido,
ni me hallé al otro lado del espejo
convertido en míster Hyde o al revés
nada de eso,
que era yo, al parecer, yo mismo,
pero habían pasado cien años de repente,
y yo sin darme cuenta, cómo era,
cómo era posible, si el reloj
marcaba las horas, y había muchas,
eso creía, muchas horas,
azadas sepultureras que eran,
y yo tan quitado de la pena.

# AYER

Un perro solitario
probablemente sordo
ventea el viento de septiembre
en busca de aquella sangrecilla del Niño Jesús
en el campo paterno de Burcemay.
Sobre el río
solo encuentro
ya muertos los caballos
los groselleros muertos
otras parras verdean
sobre ribazos nuevos
y rastros diferentes hoy respiran
para mañana disolverse
en un pasado por venir
en ancho mar cual despalmada nave
que antes que piense en acercarse llega.

# EL VERANO

En aquella escuela cerca de las viñas
aparecía junio con las cerezas
y faltaba un millón de años para el otoño
con su tabla de multiplicar y los dictados.
Ahora que lo pienso
era un mundo raro, hecho
de un tiempo misterioso
que los calendarios no podían medir,
de lugares secretos y veredas
que luego se perdieron
sin saber si era para siempre.

# CÚCUTA

Tantos años regresando a Cúcuta
a la casa cural de las Angustias
donde mi tío Ángel jugaba al póquer
tras la misa vespertina, y el padre Celestino
bruñía los revólveres en el patio de las iguanas.
En la casa cural ya no está mi tío
ni el padre Celestino ni las mismas iguanas
y la memoria de Estela Mariño Suárez
de los ojos fragantes, que vino de Boyacá,
y hacía el café y las arepas de queso
ya no me reconoce.
Hace mucho que se fue también mi amigo Chepe
que me invitaba a cervezas en el malecón
y Rafico y Celina y el señor obispo.
Quedan sí Mercedes y Teresita
en el barrio Cundinamarca,
y las brisas del Pamplonita.

Pero sería doloroso volver a Cúcuta
con la pena de las noches tropicales
y la guitarra de Narciso Yepes,
difícil de soportar el esplendor
de aquella flor de baile
hermosa como un futuro que no tenía fin.

# MI CASA YA NO ES MI CASA

Hoy me he despedido de mi casa
que ya no es mía
balcón donde leí Lord Jim
con un plato de cerezas a la mano
del huerto de San Juan
mi madre tendía la ropa
y mi padre salía para el Carmen
a cantar la *Requiem* de Perossi
(ya no están los cerezos ni mis padres)
por el recodo del Alhama cruzaban las cigüeñas
y abubillas que no he vuelto a ver
eran veranos de la calle San Francisco
de lecturas sin orden y ciruelas
como densas sustancias de juventud y sueños
yo te esperaba todavía misteriosa
en lentas tardes de lluvias vespertinas
tomando café y oyendo a los caballos

con algo ya de muertos de cascos que naufragan
mi casa ya no es mía
hoy he dado las llaves
he cerrado la puerta sin mirar
calle arriba yéndome despacio
con malheridas alas.

## LO QUE QUEDA

TEMEROSO espero
el instante en que solo
queden los recuerdos.
Ribera yerma y río esplendoroso
fluyendo al mar. Y sin embargo
lo que fue aún es
para siempre, y será
cumplido, pleno,
feliz en el dolor y la alegría.

# LECTURAS

## Micer Francesco sueña bajo las campanas

Era un viernes santo de frutos acerbos;
llorando sus culpas,
quizá pesaroso,
micer Francesco advirtió en Santa Clara
de la bella Aviñón, entre muchas damas,
una gentil cortesana, Pelirroja la nombraban.
Burló la hermosa de la pálida faz del poeta
prefiriendo el porte de un gallardo lansquenete.
Dolido se vengó: pintola como Laura
de dorados cabellos, árbol inmune al rayo.
Y así mientras el tiempo silencioso
araba la frente de la damisela,
micer Francesco también envejecía
recordando siempre a las dos
sin la misericordia del olvido.

## II

### VIEJO Y MANCO, A LA HORA DE LA MUERTE
#### OBSERVA EL HORIZONTE

En el fatal instante
acuden a tus ojos
no los baños de Argel ni la pobreza
de tantos días, no la envidia
de los que pretendían despreciar tus fábulas,
y te llamaban viejo manco y amargado;
no los cansancios ni los desengaños,
esfuerzo vano en busca de sosiego
ni el rencor del olvido de los grandes;
tampoco las tardes melancólicas y humildes
propias del don nadie que a veces te creías
aunque siempre supiste de tu señorío.
En las últimas luces tu mirada ya turbia
se abre a los antiguos campos de Montiel
que cruza un caballero avellanado y flaco
y lanza en ristre se aleja entre fulgores,
más allá de un remoto horizonte,
allí donde palpita
el mar siempre añorado de Lepanto.

## III
### DON LUIS DE GÓNGORA EN SOLEDAD DORMITA

DON Luis de Góngora dormita
lejano y solo, envejecido y triste,
en un patinejo de Córdoba la llana
bajo la luz cansada del crepúsculo;
le acuden a las mientes perdidos rumores,
visiones de gloria y fama que ser pudieron
y siente que todo se le escapa
como el aroma de una rosa cortada de robusta mano
que anticipó su ser para la muerte,
como una llama trémula que resuelve en cenizas
a la mariposa fatalmente ciega
caída en una esfera de esplendores fugaces.
Melancólico sospecha que su fama
no le alcanzó prebendas suficientes.
Ese duque de Lerma que poco le sostuvo
–ni siquiera pudo terminar su panegírico–,
y ese otro Conde Duque altivo
que le mostraba afecto, mas sustancia
nunca llegó copiosa y opulenta…
Hubo amigos, algunos, gente seria,

pero en la corte todo fatigaba,
la pobreza, la inquina, tantos émulos…
Y el tiempo fue pasando: no le trajo
el confuso granero de Fortuna
tan altas ocasiones como al manco,
el de Lepanto, que escribió el Quijote,
—ridícula fábula que ríen por las calles—,
ni tuvo inquietos amoríos fatuos
como el Lopillo que venera el vulgo
por mil comedias flojas y aguachirles
que adulan la fantasía efímera de los idiotas,
no se entretuvo en máquinas políticas
ni gozó de privanzas como el cojo intrigante
con ínfulas de sabio, que lo insulta…
Solo escribió los versos más lucientes,
más altos que neblíes y águilas caudales,
y le llamaron desalmado y frío,
inhumano, tahúr, clérigo arpía,
y viejo y vano y mentecato y loco…
Quizá tengan razón, y se haya ido
la vida como turbia pelea cotidiana
y en vano la pólvora del tiempo más precisa,
como sueño más bien amargo y corto

en busca de una gloria negada con desdenes
en la patria feroz y virulenta.
¿Pero acaso no tuvo enamorada
—la bella Galatea, más süave
que los claveles que tronchó la aurora—?
¿piedad no tuvo del jayán horrible?
¿no navegó en el abeto alado,
náufrago en los piélagos sin límite
y las banderas flameó en Larache?
Bien sabe que ha encendido un sol que abrasa
y que no le perdonan los mediocres:
infame turba de nocturnas aves
que se cala violenta de exterminio.
Bien sabe que quedaron sus palabras,
almenas de diamante, muros de oro,
y habrán de pervivir, aunque su planta sea
al ímpetu del tiempo convertida
en tierra, en humo, en polvo, en sombra, en nada.

IV
### Escena de Turgueniev o de Chejov

Fiodor Fiodorovich conversa con Natacha
en los parques de Baden Baden,
en cafés de Florencia o quizá
en un jardín de cerezos de la aldea.
Con levita azul y sombrilla de seda
radiantes como abedules primaverales
espantan las alondras en el zarzal de moras
y entre aromas de heno los invade la luna.
Y va pasando el tiempo muy agradablemente;
quizá suenen canciones de remeros del Volga
o serán ruiseñores de la noche estival...
la cosa es que Fiodor y la hermosa Natacha
caen en un deliquio de amor y patronímicos
que todo lo ilumina. No más melancolía
ni tedio ni vacío de angustias metafísicas.
Todo son ruiseñores, alondras y cerezas.
De pronto, sin embargo, el verano se acaba
los trenes salen hacia San Petersburgo
o Moscú o donde vaya Natacha Ivanovna.
Fiodor Fidorovich quiere decir «la amo,

Natacha, no me deje»,
como todos los instantes del verano pasado;
nunca ha dicho «la amo…».
Son muy pocas palabras, el tren está ya a punto;
nunca más volverá a este mismo verano.
Confusa y con vergüenza se asoma a la ventana
la tímida Natacha, que todavía aguarda
con trémula mirada y pálida sonrisa.
¿Por qué no dice nada, Fiodor, que está esperando?
Y el tren arranca y el verano se lleva
y todas las alondras del mundo, y las canciones
y a Natacha Ivanovna con su fulgor de cisne.
Fiodor Fiodovich se vuelve taciturno
al hotel solitario, y hace las maletas
para coger un tren que se aleja de la felicidad.
Y eso pasó en un instante solo,
injustificable y misterioso.

V

## En memoria de Iván Karamazov

No creerás en el improbable orden del universo,
de la justicia del hombre podrás abominar
cuando veas triunfar a los perversos,
la crueldad impune de los pecados.
Pero queridos persistirán los brotes primaverales,
queridos los arroyos y las escabiosas de las riberas,
el ruiseñor y las canciones tristes,
toda planta, animal y piedra de esta tierra,
la energía del viento, el callado sufrir del inocente
y todas las cosas antiguas en las que ya no crees
y a las que sigues honrando
en lo profundo de tu corazón
con una fe que quizá no puedas comprender.

# EPITAFIO

CARGADO fue de sí hacia la mar.
Vivió moderadas catástrofes,
ciertos episodios de opereta,
menores ambiciones,
felicidades imprevistas
de enredadera azul y disimulada pólvora.
Creyó en pocas cosas, suficientes
para ignorar los puntos cardinales;
amó la vida y sus escollos
y tuvo miedo como cualquiera,
angustias que asomaban al borde de los días.
Quiso agotar abrazos y paisajes
y tuvo que aprender aquello que sabía,
que el tiempo no perdona y que el amor tampoco.
Asilo de su polvo es esta losa dura.

# ÍNDICE

*Cargado de mí*
de IGNACIO ARELLANO
salió de la imprenta el
27 de abril de 2026